UNE GRACE, UNE ESPERANCE :

Vers Ta cité céleste.

09 MAI 2017
KRIS BAUL

UNE GRACE, UNE ESPERANCE :

Vers Ta cité céleste.

« Voici la demeure de Dieu avec les hommes ;

...

Il essuiera toute larme de leurs yeux,

Et la mort ne sera plus »
(Apocalypse 21 / 4)

Ami, tu veux connaître les sources de ma foi, ce qui me désaltère dans tous les textes que je connais ou ce qui me paraît fondamental.

Mes choix sont un peu arbitraires. Si tu faisais la même demande à un autre, une part au moins ne ressemblerait pas à ce que je te livre là. Mais au moins tu recevras un témoignage et c'est ce qui compte, car Dieu lui-même a voulu que la foi, une grâce qu'on cherche mais qui est donnée, te soit apportée par un autre toi-même. Voici donc.

Cela me paraît suffisant, ensuite tu pourras en parler avec d'autres et enrichir ainsi la Parole reçue.

Tu pourras te reporter aux textes évoqués dont la référence est indiquée. Mes commentaires sont ceux d'un homme mûr qui a reçu cette Parole depuis le jeune âge et n'a jamais cessé de s'en nourrir ; il n'y a pas d'autre légitimité à ces commentaires que cela.

Peut-être es-tu près de la foi. J'espère alors toucher ton cœur et ton intelligence. Toi qui a reçu la grâce de la foi, nous pourrons aussi discuter de ces choix.

25/09/2016

Kris BAUL

Une révélation

A l'image de Dieu

« Dieu créa l'homme à son image, à l'image de Dieu il le créa, il les créa homme et femme. » (Gn 1/27) « Telle fut l'origine du ciel et de la terre lorsqu'ils furent créés » (Gn 2/4).

Tu as presque tout fait Seigneur en créant le monde. Mais non pas tout. Tu as voulu que nous participions à ta création ; tu as voulu qu'à notre tour nous éprouvions la joie de procréer, de créer notre univers. Tu as fait de nous des êtres capables de modeler notre monde, d'être créateurs de beautés nous aussi. Tu as voulu que de grandes choses sortent de l'esprit et des mains de ceux que tu aimes.

Un peu comme ceux qui ont envie de faire partager leur joie ; l'amour mystérieux entre le Père, le Fils et l'Esprit ne pouvait pas rester confiné dans une éternité heureuse ; il devait être transmis, communiqué, attirer d'autres à l'éprouver, leur donner la même joie.

Tu n'as pas souhaité simplement créer des pantins admiratifs ou contemplatifs, tu as placé dans le monde des êtres qui te ressemblent, capables d'amour eux–aussi. A l'image de Dieu, nous sommes créés hommes et femmes, afin que nous formions un couple aimé, aimant et procréateur.

Ce n'est pas dire que célibataires, consacrés, laissés pour compte ou veufs nous seraient foutus ou méprisables. La société humaine est bâtie sur la relation sociale : famille, amitié, communauté, cité, tout est fondé sur une relation qui donne de la sécurité, mieux, dans la famille et le couple, de l'amour. Sous d'autres formes, l'amour filial, l'amitié, la volonté de l'intérêt commun sont des signes multiples qu'un lien social est à l'œuvre.

Cette réalité est à faire vivre, à vivifier, à renouveler en continu. C'est vrai que beaucoup de signes montrent que cette relation humaine est abîmée de toutes sortes de manières, dans le monde étroit de notre société, dans le cœur même de nos communautés et au cœur de nos familles mêmes.

L'humanité a compris progressivement que l'amour est plus fort, ne serait-ce que pour avoir plus de sécurité et de paix, mais c'est plus fort que nous, nous nous faisons du mal tout le temps.

A l'image de Dieu ; dans le moteur de notre cœur, nous ne sommes qu'à l'image, nous ne sommes pas Dieu.

La création même est abîmée par nos œuvres ; elle l'est par l'action sur notre terre, par l'action sans égard pour l'humanité qui nous entoure, et même par le refus de t'accueillir comme notre créateur. Que de désordres lorsque nous quittons notre existence d'hommes et de femmes créés à l'image de Dieu. Le pire est sans doute lorsque, nous revêtant de ta Parole et de l'apparence du fidèle à Dieu, l'humanité écrase, méprise le faible, tue, en ton nom même. Là, notre culpabilité est grande.

Une seule issue pour ne pas rester sur un chemin perdu dans le désert. Retrouver les moyens de restituer à l'humanité sa dignité de créature à l'image de Dieu, lui donner les moyens de créer, lui donner l'occasion de relations sociales équilibrées et finalement permettre à l'humanité d'exprimer cet amour pour lequel il est créé. Cela ne peut pas se faire si certains perdent leur dignité d'homme, leur capacité à construire et à faire croitre leur famille ou s'ils sont bloqués dans la peur, la misère ou par la barbarie.

Là où l'humanité est inventive, créatrice, ouverte à la vie, recherche le progrès de l'humanité, ne cache pas sa tendresse pour l'homme, laisse s'épanouir l'amour entre un homme et une femme, accueille l'enfant, là se trouve de l'amour et l'image de Dieu dans l'humanité non seulement n'est pas abîmée, mais est le révélateur de l'amour en Dieu trine, de l'amour de Dieu.

C'est possible. Ce n'est pas une vue de l'esprit ; chaque fois que ces signes apparaissent c'est que l'amour, insufflé dans le gênes de l'humanité dès la création, est à l'œuvre. Nous sommes souvent déçus, mais nous ne voyons pas ces signes qui montrent que l'amour, dès ce monde, est une heureuse fatalité.

Ce diamant précieux est à préserver au milieu des tempêtes. Et même lorsque l'épreuve submerge nos vies, une petite lampe fragile, au fond de nous, nous rappelle cette réalité et nous apporte une espérance renouvelée. Ne l'étouffons pas. Sachons aussi écouter les anges, les messagers, que Tu ne cesses de nous envoyer. Cessons d'être sourds.

Tu aimeras ton Dieu

Le décalogue est un morceau de l'ancien testament (Dt 5) qui apparaît permanent et fondamental ; n'est-il pas donné par Dieu même, par l'intermédiaire de Moïse ? Mais les commandements mélangent des choses de nature différente. Peut-on en effet mettre sur le même plan la crainte de Dieu, le respect du sabbat et le fait d'honorer père et mère, de ne pas tuer, de ne pas commettre l'adultère, de vol ou de faux témoignage ou de ne pas convoiter le bien d'autrui, ni la femme de son voisin ?

Le texte prend la précaution de dire qu'il s'agit d'une parole de Dieu, que cette parole est prononcée par Dieu dans le feu, dont ont peur les juifs, et que c'est le Dieu qui les a fait sortir de l'esclavage en Egypte.

Dieu est encore loin de la perception des hommes et inspire une forme de crainte, qui n'est pas que de respect, mais déjà la Parole de Dieu passe par un vecteur humain. Voici que c'est le Dieu qui les fait sortir de l'exil et de l'esclavage. Cette parole est elle-même libératrice peut-être.

Elle donne en effet à l'homme les clés d'une existence libre et en paix avec lui-même. Oui, Dieu te veut libre, il ne te dicte pas ton chemin. Le décalogue ne doit pas être lu comme un code de bonne conduite, moral, sans l'application duquel la foudre viendra te frapper. Ce sont des clés d'un code social. Vivre ensemble, cela suppose un certain nombre de règles simples qui évitent la guerre entre les hommes et permettent au contraire de fabriquer le ciment de la société. Respect de l'intégrité de l'autre, du lien intime de l'autre avec sa femme, du respect du bien de l'autre, de la justice.

Le respect des biens dans deux sens. Ne pas constituer des biens en prenant sur celui de l'autre et ne pas saisir le bien possédé par l'autre, qui est un des moyens de la dignité de l'autre, de sa famille, par la capacité d'être autonome, à la charge de soi-même. On voit qu'il y a beaucoup à faire.

Déjà, dans cet ordre social, ne voit-on pas que la société des hommes est malade et laisse certains dans le dénuement, dans la privation de la dignité élémentaire de l'homme, et rejetés de la justice.

D'une certaine manière, Dieu créateur crée l'homme et le crée social dès le départ, ce qui suppose un code de conduite de la cité. Si ce code ou ce contrat social n'est pas respecté, déjà quelque chose est brisé et va rendre l'humanité souffrante.

Dans nos choix politiques, dans l'organisation de l'économie - qui est en principe un mode équilibré d'échange des biens, en fonction de la valeur relative des biens et des besoins - dans nos choix professionnels - car nous sommes des êtres laborieux, sans cesse procréateurs - cette parole peut nous conduire à prendre des options qui garantissent une bonne application de cette loi sociale. Ce n'est déjà pas si mal et on n'a pas besoin de croire en Dieu pour s'en rendre compte ; il s'agit en effet d'une loi universelle et naturelle. Tout homme y a accès, peut la comprendre et l'appliquer.

En ce sens le décalogue est une loi. Il n'y a là aucune morale, mais des règles qui autorisent une vie humaine en société. Si tu ne la respectes pas, ce n'est pas le feu d'un jugement qui s'abattra sur toi, c'est la vie en société qui est abimée et toute l'humanité en souffre.

Mais le décalogue va plus loin ; il propose le sabbat, c'est à dire un jour de repos et de sanctification.

De repos, car le labeur ne peut être une activité humaine continue sans dommage et cela est vrai de toute la communauté humaine et même du règne animal. Règle de respect de l'intégrité physique de la vie. C'est vrai de toute ta maison. Hommes, femmes, enfants, serviteurs et aussi animaux. Cela renvoie aux grands équilibres de la création. Il se pourrait que ces équilibres soient rompus en cas de surexploitation de notre terre et le dommage sera pour l'humanité elle-même, en premier.

De sanctification, car le repos est un moment privilégié pour se souvenir que Dieu lui-même nous a sorti de l'esclavage, de la peur, et il l'a fait en créant le lien avec l'humanité qui m'entoure. Le culte du sabbat n'est pas un culte pour le culte ; c'est un culte pour dépasser notre labeur quotidien et prendre conscience que nous avons été créés à l'image de Dieu.

Cette parole est libératrice, car elle nous révèle l'essentiel, à savoir que notre relation à Dieu n'est pas faite d'idoles et de terreur devant Dieu, ce qui a été le lot de l'humanité de tous temps. Mais, au contraire, d'une relation filiale avec le créateur qui donne de la valeur à l'amour de Dieu et à l'observation des commandements, qui montre sa fidélité jusqu'à la millième génération, c'est-à-dire pour toujours. Et cela est nouveau.

Celui qui fabrique des idoles et refuse les commandements se condamne lui-même, car il refuse son créateur et casse les rouages de l'harmonie sociale ; il travaille donc contre l'homme.

Si on s'arrête là, le monde pourrait ne pas être si mauvais ; il serait même bon à vivre et on est loin de la terreur d'un Dieu qui punit.

Nous sommes déjà des êtres libres et responsables du fonctionnement harmonieux du monde ou de ses désordres.

C'est Jésus, Fils de Dieu, qui nous donne une lecture bien plus merveilleuse de ce texte, qui conserve toute cette valeur première de l'harmonie sociale et, en même temps, est dépassée, pour aller à l'essentiel. Lorsque les pharisiens l'interrogent et cherchent à le piéger il leur donne un cadeau, ainsi qu'à toute l'humanité à travers eux. Il nous donne une Bonne Nouvelle essentielle, tout cela est la marque que Dieu est amour, que la création est fruit de cet amour et, qu'au-delà des règles sociales du vivre ensemble, nous sommes attendus par Dieu lui-même et par les frères et sœurs en humanité sur le même terrain de l'amour : le commandement le plus important est : « tu aimeras ton Dieu de tout ton cœur, de toute ton âme et de tout ton esprit », et le second commandement qui lui est semblable : « tu aimeras ton prochain comme toi-même » (Mt 22 /36).

De ces deux Paroles dépend tout le reste. Ce n'est plus par la sécurité seulement que la vie sociale nous apporte, c'est par amour, de l'amour que Dieu lui-même nous a donné, que nous apportons notre contribution à la vie de la cité, qui est donc déjà cité de Dieu, dès maintenant. Quelle paix et quelle joie ! C'est ce Dieu là auquel je crois.

On est bien loin d'un Dieu terrifiant, vengeur, foudroyant. Non il s'agit de Dieu aimant, qui a de la tendresse pour moi, qui porte ma misère sur son dos, qui porte mon joug. C'est cela la miséricorde. Son attention à ma personne est grande : « Venez à moi vous qui peinez sous le fardeau, et moi, je vous procurerai le repos. Prenez sur vous mon joug, devenez mes disciples, car je suis doux et humble de cœur, et vous trouverez le repos pour votre âme. Oui mon joug est facile à porter, et mon fardeau, léger. » (Mt 11/28-30). Le Seigneur est tendresse pour moi et cherche à m'offrir une paix de l'âme ; il porte ma détresse, me fait son collaborateur, et ce travail tout le monde peut le faire, car tout le monde a en lui la capacité d'aimer.

Sa délicatesse est infinie envers moi. Il prend sur lui ma misère, sans attirer l'attention ; il me soutient dès l'enfance ; il m'accompagne tout le long du chemin. Si j'ouvre mes oreilles et mon cœur. Oui Seigneur « que je me lève ou me couche, tu le sais, tous mes chemins te sont familiers » (Ps 139). « Tu as mis la main sur moi ».

Devant mes fautes, la terreur du monde est sur moi. Mais le Seigneur ne me laisse pas sans nourriture pour la route. Avec patience et une grande tendresse, il vient à ma rencontre. Devant le plus grand dénuement il passe me voir ; et ce n'est pas dans un ouragan, ni dans un tremblement de terre, ni dans le feu, non. Le Seigneur vient dans une « brise légère » (1 R 19 / 12). Il me redonne force pour l'action, mais il le fait dans la douceur. Dieu est là. Et il me porte toujours vers l'autre. C'est que nous sommes faits pour l'amour, pour propager la Bonne Nouvelle. Le Seigneur me conduit à avoir la même attitude pour mon frère et même à le voir, à apercevoir son image même, dans l'humanité qui est autour de moi.

Mon bien aimé

« La voix de mon bien-aimé !

C'est lui, il vient… Il bondit sur les montagnes, il court sur les collines, mon bien-aimé, pareil à la gazelle, au faon de la biche.

Le voici, c'est lui qui se tient derrière notre mur : il regarde aux fenêtres, guette par le treillage.

Il parle mon bien-aimé,

Il me dit : Lève-toi, mon amie, ma toute belle, et viens… » (CC 2 / 8).

Rien mieux que le langage amoureux pour parler du lien du Seigneur avec l'humanité.

Le Seigneur me cherche, il m'attend. Il s'inquiète pour moi. Le Seigneur m'aime. L'amour est un échange, c'est un bonheur, une allégresse.

Cette parole du cantique des cantiques est inspirée ; elle nous révèle ce principe au cœur de la Création. Dieu est amour. Il m'attend, moi, toi.

Comment se peut-il que Dieu ait besoin de moi ? Il a besoin de cet échange, de cette tendresse. Il prend le risque de se démasquer, de se déclarer devrait-on dire. Cet amour ce n'est pas un bonheur seulement pour moi, pour toi, c'est un bonheur pour Dieu lui-même. Il bondit sur les montagnes pour venir à nous. Il nous cherche, nous appelle avec tendresse, nous invite à vivre, à nous nourrir de Lui.

« Tu as blessé mon cœur, ma belle, ô fiancée » (CC 2 /9). « Que tu es belle, mon amie ! Tes yeux sont des colombes au travers de ton voile » (CC 4 / 1). Sans ta révélation Seigneur, je ne l'aurais même pas imaginé, car ce n'est pas pensable.

Sans l'amour déclaré, je n'aurais pas imaginé le transport du cœur que l'amour de toi manifeste, ma belle. Dieu est ainsi. De l'amour en Dieu trine, naît notre humanité comme de notre amour naissent des petits d'hommes. L'amour est riche de la naissance. C'est la source de notre humanité, qu'on l'accepte ou pas, qu'on l'abîme ou non.

Voilà bien qui est étonnant, cet amour révélé, qui fait de Dieu un être dépendant de nous, de notre réponse, de notre oui. Dieu est en attente de nous, chose incroyable si elle n'était révélée.

C'est le même amour de Dieu pour son Eglise et de son Eglise pour les croyants. Notre Eglise est réponse à l'amour du Créateur lorsqu'elle est elle-même aimante. Faite d'hommes et de femmes limités, l'Eglise apporte une réponse souvent partielle, imparfaite ; elle manque souvent de foi dans l'amour de Dieu agissant dans l'homme. Elle n'est pas toujours aimante pour ses fils et ses filles, et c'est une blessure pour l'humanité qui la compose, et pour l'Aimé. C'est une souffrance que nous ne pouvons accepter, encore moins au nom de Dieu.

Là où est l'amour est l'invention de routes nouvelles, la joie de la découverte de l'autre, la liberté, la construction de la cité de Dieu, dès maintenant. C'est le principe actif du monde et donc le signe de la présence de Dieu ou de l'hypocrisie, c'est selon.

Puissions-nous être capables, dans notre vie et dans l'organisation de la société, de cette même tendresse de Dieu qui nous attend et nous appelle à lui. Cette tendresse qui recherche le bonheur de l'aimée.

Ce n'est pas l'effet d'une naïveté, mais l'assurance que nos choix de tous les jours, même dans une sphère très rationnelle et pratique, peuvent être une manifestation de cette tendresse envers l'autre moi-même ou au contraire la déconstruction de ce principe premier ; nous avons les cartes en mains. Le Seigneur ne se substituera pas à nous, il nous laisse libre, il nous laisse faire, il s'est abandonné à nous. Lui a déjà tout donné.

« Les grandes eaux ne pourront éteindre l'amour, ni les fleuves l'emporter » (CC 8 / 7).

Tu as voulu Seigneur que l'amour humain, dans le couple, en soit le signe, par toutes les nations et en tout temps. Un seul amour comme celui-là dans une vie !

Où les hommes s'éloignent de Dieu

Jardin d'Eden

« Ils entendirent la voix du Seigneur Dieu qui se promenait dans le jardin à la brise du jour. L'homme et la femme allèrent se cacher aux regards du Seigneur Dieu parmi les arbres du jardin… » (Gn 3 / 8-23).

Voici que de l'innocence originelle, l'humanité prend conscience de sa nudité. Ce n'est rien de plus que la conséquence de sa prise de liberté. Dieu l'a permis dans le principe ; son amour va jusqu'à permettre que l'homme s'éloigne de lui. Il ne l'a pas souhaité.

Mais c'est plus fort que soi, nous prenons la liberté. Dieu ne condamne pas, il revêt même l'homme et la femme d'une tunique, qui désormais ont besoin de couvrir leur nudité. Il ne condamne pas, mais il maudit le sol qui l'a porté et dit la conséquence de cette prise de liberté qui est aussi un éloignement par rapport à Dieu. « Voilà que l'homme est devenu comme l'un de nous... » (Gn 3/22).

Cela renvoie à la déclaration de Dieu faisant l'homme à son image, et celui-ci est libre, y compris de rejeter Dieu.

Mais par ce fait même, sa liberté entraine une responsabilité personnelle sur sa vie, son existence. C'est cela qui nous fait gérant de la création, qui nous donne une responsabilité.

On voit que dès le départ le lien social lui-même est abîmé, voici que la femme va être dominée par l'homme.

De là vient que nous ne sommes pas dans le jardin d'Eden, le jardin de Dieu où souffle au soir une brise rafraichissante et où l'amour de Dieu est en harmonie avec l'humanité et même le règne animal, mais au contraire dans un monde limité, où la liberté implique travail et peine, non comme une punition, que Dieu ne saurait infliger, tant son amour est plus grand que nous, mais qui est la conséquence incontournable de notre prise de liberté.

Il y a là révélation d'une bonne nouvelle cependant : l'Eden, la cité de Dieu, est auprès de Dieu, tel son propre jardin et Jésus son Fils nous a révélé qu'une place nous y était réservée.

Une réalité apparaît aussi, qui réside dans notre responsabilité sur le monde ; il ne s'agit pas seulement d'une responsabilité écologique, mais aussi sociale : quel monde fabriquons-nous, quelle relation humaine privilégions-nous, quel équilibre, quelle place pour l'acceptation de la providence qui offre le sol à cultiver, même s'il nous appartient de le travailler ?

Tel le fils, qui grandit, s'émancipe, prend son envol, l'humanité s'est éloignée de Dieu pour mieux jouir de sa liberté, pour décider par lui-même de ce qui est bien ou mal. Qui est donc ce Dieu qui laisse l'homme faire ainsi, un Dieu qui s'abaisse jusqu'à faire de l'homme une personne qui est « comme l'un de nous pour la connaissance du bien et du mal ».

Cet homme, à son tour, est donc capable d'amour. Oh, certes il est capable du pire, d'un égoïsme forcené, de haine, de négation de l'humanité même parfois ; mais il reste toujours capable d'amour. Faire sa place dans le cœur, dans nos actes, à cet amour-là est tout l'enjeu.

Mais chaque fois qu'un homme et une femme s'aiment vraiment, chaque fois que l'humanité laisse parler le souci de l'autre, l'écoute, prend l'autre en compte gratuitement, est patient, ne se gonfle pas d'orgueil, respecte l'autre, ne laisse pas libre cours à la colère, se réjouis dans la vérité, espère en l'homme, l'amour est présent. L'amour ne passera jamais (1Co 13).

Il y a donc là révélation d'une autre Bonne Nouvelle : l'humanité est faite pour l'amour, c'est à sa main, l'homme est « comme l'un de nous », comme l'une des personnes du Dieu trine, qui est la source de cet amour, comme si cela avait été placé en nous, dans nos gênes, depuis l'éternité.

Et nous en sommes comptables depuis la sortie du jardin d'Eden, c'est clair, mais nous avons cette capacité en nous. Le chemin est fait d'embuches, d'avancées puis de reculs, de combats même.

Combat de Jacob

« il passa le gué de Yabboq… Jacob resta seul. … Un homme avec lui combattit jusqu' à la montée de l'aurore. … que tu ne m'aies béni. Tu as lutté avec Dieu et avec les hommes, et tu l'as emporté… » (Gn 32 / 23).

Au moment d'un choix important, d'une prise de risque majeure dans la vie, le discernement est un combat. Il s'agit de passer sur une autre rive, et ce n'est jamais facile. Ce choix nous laisse seul face à un changement dont on ne sait pas toutes les conséquences.

Le discernement est une lutte contre nous-mêmes et contre les autres. Une orientation ouvre une route inconnue et nous demande de laisser un chemin familier. Il faut alors peser le pour et le contre, mesurer l'ampleur des risques que cela implique, compter ce qu'il faut abandonner.

Ce combat est parfois mené contre Dieu même, car nous ne voulons pas avancer, nous avons peur de perdre quelque chose de nous-mêmes, de nos biens, de notre vie paisible. Mais Dieu nous attend, comme on attend un ami pour des travaux importants qu'on ne pourra pas réaliser seul.

Le Seigneur te laisse gagner, dans tous les cas ; ton choix sera le bon, l'unique, il ne pourra t'être enlevé. Tu l'emporteras nécessairement.

Dieu ne va pas décider pour toi ; il te laisse avancer sur le chemin que tu choisis. Mais c'est toi qui ouvre des portes, ce qui t'amène à en fermer d'autres.

C'est un combat pour la vérité, pour une nouvelle étape, pour la vie.

Vas-tu oser passer le gué ? Vas-tu te poser en collaborateur de Dieu Lui-même ? Ou bien resteras-tu de ce côté du fleuve, dans la peur et le doute ?

Ce combat permet de choisir, d'aller de l'avant, d'aller vers le bonheur. Pas un bonheur de quatre sous, le vrai bonheur. Le bonheur naît du combat lui-même et de la force qu'on y met. Après, quelle libération ! Quelle assurance dans la démarche, alors que la lutte nous a peut-être un peu cassé, a brisé des résistances, des murs, a fait voler en éclats ce poids qui nous alourdissait. Brisé donc, mais plus fort, en avant.

Mais ta route est longue, n'hésite pas à demander l'aide de Dieu. Ne renonce pas à Lui demander de te bénir. Il te rassure devant l'épreuve, il te rafraîchit sous le soleil du désert, il te rend confiance en toi, il te fait confiance.

Un peuple rebelle

« … ils ne m'ont pas écouté, ils ont raidi leur nuque, ils ont été pires que leurs pères… » (Jr 7 / 26). « Celui qui se détourne ne se retourne-t-il pas ? Pourquoi Jérusalem, cette ville infidèle, s'est-elle détournée pour toujours ? Ils se cramponnent à ce qui est trompeur et refusent de retourner. » (Jr 8 / 4).

Ces mots sont ceux du dépit de celui qui aime et voit l'aimée se détourner, sans revenir, sans retourner. Cette situation pathétique est bien commune.

Mais c'est de notre abandon de l'amour du Seigneur dont il s'agit. Nous sommes un peuple rebelle à la nuque raide. Nous n'écoutons pas. Nous n'en faisons qu'à notre tête ; nous usons et abusons de notre liberté. Et le Seigneur constate que nous nous détournons.

Rien n'y fait, nous passons et retournons à nos affaires et nous abandonnons l'aimé. Ceux qui ont connu l'abandon de l'aimé peuvent comprendre le dépit, la brisure, la tristesse que cela produit. Dieu a tout donné, et nous n'écoutons pas. Nous mettons au feu les sources du bonheur ; nous nous détournons sans cesse.

Un effet de la faiblesse de notre constitution ? Oui sans doute. Mais il y a là comme un mépris pour tout l'amour donné, qui brise quelque chose dans le cœur de Dieu.

« Ils retournent à leur course, comme un cheval qui se rue à la guerre ». Nous ne comprenons pas, nous pensons être seuls à nos affaires, nous pensons faire bien comme cela. Qu'ai-je fait ? Où y-a-t-il quelque chose à revoir ? Croyez-vous que je n'aie rien d'autre à faire ? N'ai-je pas de la sagesse à revendre ?

Nous nous sommes détournés de Toi, et nous nous sommes placés au centre du monde. Seules nos préoccupations comptent. La fin justifie les moyens. Et nous nous trompons nous-mêmes en plaçant les priorités où elles ne sont pas.

Nous pensons juste de privilégier le travail, là où nous justifions l'orgueil de la réussite ; nous pensons sage de tout faire pour nos enfants, là où nous passons plus de temps à ne pas être avec eux ; nous pensons évident que l'amour dépasse le temps que l'on passe avec l'aimée, là où le cœur attend une attention, une fleur. Nous pensons notre monde plus important que tout, là où Dieu donne sans compter tout ce dont nous avons besoin, bien plus encore que pour les lys des champs et pour les oiseaux du ciel.

Nous nous sommes détournés de l'essentiel. Nous avons perdu la source de la vie. Et nous ne voyons pas que nous avons perdu une grande part de nous-mêmes, l'amour dont Dieu a mis l'étincelle dans notre âme au plus profond de nous.

Ce peuple refuse de croire. Quelle tristesse, quelle amertume !

En dépit de cette infidélité, le Seigneur revient vers nous. Tu me donnes des signes de ta présence, de ton amour pour moi, tu continues de me parler, comme on parle à un fils, alors que je regarde ailleurs.

J'ai besoin de me convertir, de retourner. L'humilité est de reconnaître que je dois faire cet effort renouvelé, tout le temps. J'ai besoin de m'ajuster à toi. Point d'autre moyen que d'ouvrir les oreilles et renouer le dialogue intime avec toi dans ma prière.

Dans la vie amoureuse on trouve des moyens d'entretenir la flamme ; on se dit je t'aime, on a de douces pensées, on trouve des attentions, on se donne des baisers, comme on entretient le feu dans la cheminée en rechargeant de bois le feu.

Ne laissons pas le feu s'éteindre, revenons à Lui les bras chargés de fleurs et de présents, de ces pépites que sont nos marques d'amour.

Seigneur je voudrais que tu retrouves la joie, car il est des lieux et des peuples qui se tournent avec foi et tendresse vers Toi.

Avant que le coq chante

« Avant que le coq chante deux fois, tu m'auras renié trois fois » (Mc 14 / 30).

Avec Pierre nous pouvons ressentir là une sorte d'amertume. Ces reniements sont légions. Devant l'engagement, même devant la reconnaissance de notre foi, devant l'aveu de notre amitié pour le Christ Jésus, le reniement est possible.

Il y a parfois d'apparentes bonnes raisons ; la persécution –et cela existe encore dans le monde -, les occupations, la crainte du ridicule, dans une société rationnelle et peu tolérante. Alors, au mieux, on rentre sa foi dans l'intimité. Après tout, seul devant Dieu cela suffit bien. De proche en proche, c'est trop exigeant et puis c'est tout de même plus agréable d'aller au cinéma.

Je mets donc la foi, l'amour, la tendresse sous un mouchoir. Je les ressorts à des moments propices et cachés. Jusqu'à ce qu'on ne trouve plus qu'un trou dans le fond de la poche !

Alors on se trouve loin de l'autre aussi bien que loin de Dieu.

Comment résisterait un amour qu'on n'avouerait jamais, qu'on cacherait même, qui resterait comme théorique et qu'on ne partagerait pas ? L'amour cela s'entretient chaque jour, dans les joies et les peines, par des gestes renouvelés vers l'aimé (e). Rien n'est sûr pour toujours en ce domaine, si l'on ne montre pas, jour après jour, l'amour pour l'autre qui vient du cœur.

Il en va de la foi comme de la vie amoureuse, cela s'entretient. Rien n'est pire que le j'irai – je le ferai – demain. La foi est donnée, mais il nous appartient de répondre à la grâce en étant attentifs à la Parole de Dieu et au dialogue avec le Seigneur, ce qu'on appelle la prière, un dialogue en amitié, tout au long de la vie.

Le reniement de Pierre, c'est le nôtre, chaque fois qu'on renie ses parents, assez ceci ou cela, qu'on met sa foi sous le boisseau, pour ne pas paraître « faible », comme celui qui a besoin d'une béquille, innocent, comme le faible d'esprit, ringard, dans le monde qui se veut rationnel.

C'est ringard aussi d'avouer sa tendresse pour sa fiancée, son aimée ? C'est ringard d'oser dire, ou au moins de ne pas nier, que nous avons reçu une grâce qui nous aide à avancer ? C'est ringard, de se positionner dans le monde en fonction de l'Evangile ? De placer très haut dans notre raisonnement et notre agir la Bonne Nouvelle, qui est un message d'amour pour le monde entier ?

Lorsque je renie, je suis seul et le marqueur en est la crainte. On ne peut pas vivre sa foi très longtemps comme cela. Tu peux prier dans ta chambre la porte tirée, pas besoin de te faire remarquer sur la place publique ou dans les églises ; mais être chrétien c'est appartenir à la famille des croyants, à une communauté qui n'est unie au Christ qu'en Eglise. Comme dans toutes les familles, il y a des problèmes, des incompréhensions, voire des disputes ; mais c'est la source visible de la foi. Dieu a voulu que la grâce passe par les croyants, il a voulu que nous partagions le pain ensemble et c'est le signe des chrétiens.

La somme des grâces est plus que sa somme, elle est corps du Christ ; elle est force pour la route ; elle est intelligence pour lutter contre les idéologies et les intolérances. Soyons conscients de cela, ne nous laissons pas faire, n'ayons pas peur. Notre dignité d'enfants de Dieu est plus grande que les idéologies qui nous écrasent.

Ils le livrèrent à Pilate

« Après avoir ligoté Jésus, ils l'emmenèrent et livrèrent à Pilate » (Mc 15 / 1).

Longtemps cet événement a servi d'exutoire pour notre Eglise en faisant du peuple juif le responsable exclusif de ce malheur. En effet, « Dans le matin, les grands prêtres convoquèrent les anciens et les scribes et tout le conseil suprême. » puis ils le livrèrent.

Ne voyons-nous pas que les représentants du peuple, ceux qui savent, tous les anciens l'ont décidé ?

N'avons-nous pas encore compris que c'est l'humanité entière qui décide de le livrer, d'en faire le bouc émissaire, chargé de nos fautes ; après, cela ira mieux et le monde tournera rond !

Trop facile d'accuser le peuple juif et de regarder ailleurs plutôt que notre reflet dans la glace. C'est nier le pouvoir salvateur de la croix pour l'humanité. Mais alors il faut reconnaître nos responsabilités ; libres, rebelles, fautifs ?

Mais mon cher, je m'entends bien avec mes voisins, je suis respecté au travail, je n'ai pas tué, ni volé ! J'en connais qui ne peuvent pas en dire autant !

Chaque fois que mes options s'éloignent de l'amour fondateur, ne suis-je pas l'accusateur, dans ce procès qui accuse l'innocent ? Ne suis-je pas prêt à l'injustice pourvu que la paix règne ? « Crucifie-le » !

« J'avais faim, et vous ne m'avez pas donné à manger ; j'avais soif, et vous ne m'avez pas donné à boire ; j'étais un étranger, et vous ne m'avez pas accueilli ; j'étais nu, et vous ne m'avez pas habillé ; j'étais malade et en prison et vous ne m'avez pas visité. » (Mt 25)

Nous ne pouvons pas nous défausser de cette responsabilité-là, qui est faute envers l'amour que Dieu lui-même montre envers l'humanité. L'humanité sait et a su faire bien pire encore.

D'ailleurs, dans chaque homme et femme une part d'ombre ne demande qu'à faire surface et il nous appartient de la maîtriser. Le Seigneur le sait bien lorsqu'il dit qu'il : « les connaissait tous et n'avait besoin d'aucun témoignage sur l'homme ; lui-même, en effet, connaissait ce qu'il y a dans l'homme » (Jn 2/24-25). Même lorsque nous déclarons notre foi, notre attachement reste impur.

Ce sont tous les anciens qui le livrent ; avec eux nous trouvons assez confortable d'être ceux qui ont été sauvés, ceux qui connaissent la résurrection du Christ, ceux qui sont dans le cercle. Nous montrons là que nous n'avons rien compris à la rédemption que le Christ nous offre par sa souffrance même.

Non nous ne sommes pas ceux, qui par chance et chance historique, seraient du bon côté. Au contraire, nous sommes dépositaires de la Bonne Nouvelle et ce n'est pas une parole neutre et de belles idées, c'est un principe actif pour la vie de foi et la vie tout court. Si nous ne le comprenons pas, c'est cette Parole même qui nous accuse.

Croire est aussi une exigence de cohérence avec notre vie toute entière ; pas possible de se libérer de cette responsabilité en faisant un petit effort de participer à quelques sacrements de temps en temps.

La Parole est engageante, elle nous porte dans tout ce que nous sommes, elle nous aide à trouver les bons choix, elle nous permet de ne pas laisser notre côté sombre prendre le dessus.

Non je ne voudrais pas que le Seigneur dise « je sais ce qu'il y a dans l'homme », qu'il croit que ma foi n'est liée qu'aux signes qu'il donne. Je voudrais qu'il croie à ma foi et à mon amour, je voudrais lui en donner des preuves dans ma vie.

Martyre

En mon âme je les souffre avec joie

On voulait obliger Eléazar à renoncer à sa foi et à la pratique transmise par ses pairs. Il s'y refusa. Il alla tout droit au supplice. « Au moment de mourir sous les coups, il dit en gémissant : Le Seigneur le voit bien : alors que je pouvais échapper à la mort, j'endure sous le fouet des douleurs qui font souffrir mon corps ; mais dans mon âme je les supporte avec joie, parce que je crains Dieu. » (2 M 6/30)

Elle est longue la liste des martyres, ces témoins qui trouvent la joie dans le sacrifice, parce qu'ils ne veulent pas sauver le corps, parce qu'ils savent qui est Dieu et le respectent. Cette joie c'est celle d'arriver au banquet les bras pleins de fleurs.

La souffrance n'est pas désirable. Un tel sentiment est repoussant sans discussion possible. Mais la souffrance subie comme témoignage est une marque de foi immense. Et beaucoup dans le monde et dans l'histoire l'ont connue. Saints parmi les saints, ils ont déjà trouvé leur consolation dans l'amour de Dieu.

La foi va jusque-là.

Quels risques prenons-nous, dans une société de liberté, par « crainte de Dieu », c'est-à-dire par amour pour Lui ? Parfois nous n'affirmons même pas qui nous sommes, par crainte du ridicule, de l'incompréhension ou du jugement, dans cette société qui est sans égard, souvent, pour celui qui est différent et qui témoigne d'une foi, qui n'appartient pas à ce que la société croit rationnel.

Pourtant, c'est dans les circonstances les plus difficiles que ce témoignage est le plus susceptible de surgir, du fond de l'homme. Lorsque les hordes sanguinaires attaquent la ville, lorsque le totalitarisme oppresse la liberté, lorsque la folie des hommes fait mal, lorsque la déshumanisation fait rage, lorsque l'on tue le faible.

Contre tout le mal, se souvenir de l'amour pour Dieu et pour tout homme fils de Dieu et même parfois pour l'oppresseur, qui a oublié qu'il est fils de Dieu lui aussi.

Le cœur dépasse toute violence. Le mal peut tuer, il ne peut nous enlever notre filiation et notre foi, il ne peut nous enlever l'amour reçu.

Seule la grâce permet une telle résistance, surhumaine.

La beauté de ces cœurs est immense.

L'admirable mère des sept frères suppliciés déclara : « ce n'est pas moi qui vous ai donné l'esprit de la vie, qui ai organisé les éléments dont chacun de vous est composé. C'est le Créateur du monde qui façonne l'enfant à l'origine… Et c'est lui qui, dans sa miséricorde, vous rendra l'esprit et la vie, parce que, pour l'amour de ses lois, vous méprisez maintenant votre propre existence. » (2 M 7/2)

Eloi, eloi, lema sabachtani

« Mon Dieu, Mon Dieu, pourquoi m'as-tu abandonné ? » (Mt 27/46)

Il peut se faire qu'on soit épargné ; mais il y a peu de chance qu'on échappe toute sa vie à ce sentiment d'abandon auquel le malheur nous soumet. L'angoisse prend mes forces, me terrasse. Ma vie ne vaut plus rien. Aucun réel secours ou alors dérisoire, une éponge d'eau vinaigrée. Abandonné.

Lorsque je pense aux peuples de certains pays persécutés, j'entrevois cette angoisse, cet abandon. Lorsque je perds mon aimée, je ressens cet abandon. Lorsque la faim fait mourir des enfants, leur mère connaît cette déréliction.

Dieu m'as-Tu abandonné ? Où es-Tu ? Pourquoi n'interviens-Tu pas ?

En nous voulant libre, tu t'es rendu faible. Tu n'as pas pu vouloir ce malheur, mais tu ne peux l'empêcher, jusqu'à ce que nous te rencontrions.

Nos vies sont sur ta croix !

Comme il est difficile d'entrevoir dans ce monde le royaume déjà à l'œuvre. Un cœur tendre est une étoile de bonheur ; une part de la nature, un paysage, et nous entrevoyons l'immensité de ta création.

Pas de sens à la vie, si tu ne nous avais pas révélé la suite, par ta résurrection. A l'instant même de Ta mort, l'univers réagit déjà. Les saints ressuscitent avec toi, on les voit dans la ville.

Je voudrais déjà voir les muscles et la peau renaître sur les os de ceux que j'aime. « Ossements desséchés, écoutez la parole du Seigneur : Je vais faire entrer en vous l'esprit, et vous vivrez. Je vais mettre en vous des nerfs, vous couvrir de chair, et vous revêtir de peau ; je vous donnerai l'esprit, et vous vivrez. Alors vous saurez que je suis le Seigneur…. Viens des quatre vents esprit ! Souffle sur ces morts et qu'ils vivent !... je vais ouvrir vos tombeaux et vous en ferai remonter, ô mon peuple. Et je vous ramènerai sur la terre d'Israël… Je suis le Seigneur : je le ferai. » (Ez 37 / 1-14)

Non notre vie n'est pas vaine. Non notre malheur n'est pas définitif. Après la mort, la vie.

Par ta grâce, Seigneur, le banquet commence maintenant. Qu'aurais-je dans les mains à apporter à la table, le jour venu ? Quels seront mes présents pour l'Hôte et pour la joie des convives ?

Envoi du Fils

Magnificat

« Mon âme exalte le Seigneur, exulte mon esprit en Dieu mon Sauveur ! Il s'est penché sur son humble servante ; désormais tous les âges me diront bienheureuse. Le puissant fit pour moi des merveilles ; Saint est son nom !... » (Lc 1 / 46)

Marie a pris un chemin de pierre au soleil pour aller aider Elisabeth. Sa salutation est le début de la révélation du Fils, venu sur notre terre. Déjà Jean-Baptiste tressaille dans le ventre de sa mère en entendant Marie. Déjà il annonce la venue du Sauveur.

Alors Elisabeth, inspirée par l'Esprit Saint, peut dire « Tu es bénie entre toutes les femmes, et le fruit de tes entrailles est béni. Heureuse est celle qui a cru à l'accomplissement des paroles qui lui furent dites de la part du Seigneur ».

Notre Seigneur est né d'une femme. Aussi pure et incroyablement en attente du Seigneur qu'elle ait été, c'est une femme de ce monde. Elle va porter cet enfant donné par Dieu lui-même. Comme toute mère l'enfant se développe dans son ventre pendant neuf mois, car il est pleinement homme. Il porte une part de sa génétique.

Sa généalogie est celle d'un fils de David et à travers lui d'Abraham (Mt 1 / 1). Elle porte ainsi l'appel de l'homme par Dieu et son alliance avec lui, la royauté de David, la souffrance de l'exil, et quatorze générations après l'exil de Babylone, la venue du Sauveur, Dieu Lui-même. Sa généalogie remonte à Adam et à Dieu (Lc 3 / 23). C'est bien le fils de Dieu, c'est aussi un fils d'Adam, un parmi nous.

Cela se passe en Palestine, en Galilée, puis en Judée, pays bordé de la Méditerranée, irrigué par le Jourdain.

Les événements se déroulent au temps d'Hérode le Grand, roi de Judée, au temps de l'empereur Auguste et alors que Quirinius était gouverneur de Syrie.

La naissance du Seigneur est située dans le temps et dans l'espace, elle a lieu après la gestation dans le ventre de Marie ; il s'est nourri de son sang, a connu la tendresse et la chaleur de son ventre. Il a connu l'arrachement du ventre de la mère lors de son accouchement et un premier cri lors de l'ouverture de ses poumons. Il a été nourri du lait de sa mère, qui, avec Joseph, l'ont fait croître dans son enfance.

C'est un petit d'homme et c'est Dieu lui-même. Le Seigneur fit pour Marie, et pour toute l'humanité, des merveilles.

Merveille de l'enfant, mais c'est une histoire singulière à laquelle on peut ne pas tout comprendre ; merveille car Marie est alors, pour l'humanité entière, l'aurore du salut.

Marie n'en tire aucune gloire pour elle-même, elle se considère comme une « humble servante ». Mais elle sait que tous les âges la diront bienheureuse.

Témoin d'un amour infini, déjà elle annonce la miséricorde de Dieu dans les âges, pour ceux qui croient en Lui, qui considèrent sa puissance, sa réalité, celle de Dieu créateur de tout. Seuls les humbles peuvent comprendre et se mettre dans son sillage. C'est un Dieu tout Amour qui se révèle. Il l'a promis, Il le fait.

Pas de place pour la superbe et pour les trônes.

Le possédant, le puissant, le superbe, n'ont pas accès à cette connaissance de la venue de Dieu. Ils n'ont pas besoin de Dieu, ils se suffisent à eux-mêmes ; ils se croient hors d'atteinte ; ils nient Dieu. Qu'en reste-t-il lorsque le souffle de Dieu se retire ?

Mais Dieu Lui-même se révèle ; il vient dans notre monde et se fait pour cela le plus humble. C'est tout le contraire.

Sa Parole est source de vie et est une révolution pour le monde entier, qui ne repose plus sur la puissance des hommes, ni même sur le respect de la Loi et de quelques préceptes, mais sur l'amour reçu, donné, entre nous. Cet amour vrai qui veut le bonheur de l'autre. Magnificat !

Benedictus

« Jean est son nom ». « Zacharie, son père, fut rempli d'Esprit Saint et prononça ces paroles prophétiques :

Béni soit le Seigneur, le Dieu d'Israël, qui visite et rachète son peuple.

Il a fait surgir la force qui nous sauve dans la maison de David, son serviteur,

comme il l'avait dit par le bouche des saints, par ses prophètes, depuis les temps anciens :

salut qui nous arrache à l'ennemi, à la main de tous nos oppresseurs,

amour qu'il montre envers nos pères, mémoire de son alliance sainte….

Grâce à la tendresse, à l'amour de notre Dieu, quand nous visite l'astre d'en haut, pour illuminer ceux qui habitent les ténèbres et l'ombre de la mort, pour conduire nos pas au chemin de la paix. » (Lc 1 / 67).

On l'appelle Jean ; aucun ne s'appelle ainsi dans sa famille. C'est un monde nouveau qui naît. La norme est balayée. L'alliance de Dieu avec son peuple trouve enfin son avènement. Dieu n'a jamais abandonné ; il s'est révélé aux hommes, il a conclu une alliance avec eux et Dieu-même vient, en choisissant de sortir d'un bourgeon de la lignée de David.

Cette venue est celle qui délivre, qui est signe de l'amour de Dieu et même de sa tendresse, prophétise Zacharie.

Sa venue renverse toutes les sources de l'oppression, à commencer par la mort elle-même. Sa lumière illumine tout, même l'ombre de la mort, même nos ténèbres. Le monde est comme à nouveau créé, redonné à sa nature initiale, celle d'un monde beau, rempli de la tendresse de Dieu pour les hommes.

La paix est notre chemin, non pas comme une non –guerre, non pas comme l'absence de tracas, mais la paix du cœur qui se sait aimé, sauvé.

Cette prophétie de Zacharie annonce la rédemption pour le monde et pour les hommes. Il annonce une Bonne Nouvelle, un Evangile.

Nunc dimittis

« Maintenant ô Maître souverain, Tu peux laisser ton serviteur s'en aller en paix selon ta Parole.

Car mes yeux ont vu le salut que tu préparais à la face des peuples : lumière qui se révèle aux nations et donne gloire à ton peuple Israël » (Lc 2/29).

Ce chant de Syméon, à Jérusalem, lors de la présentation de Jésus au temple, étonna les parents du nouveau-né.

Ce vieil homme est dans l'attente du salut. Et voici qu'il proclame que ce jeune enfant est le salut lui-même. Il est la lumière non pour le peuple d'Israël, qui retire toutefois de la gloire d'être son berceau, mais pour toutes les nations. Ce salut était préparé par Dieu et voici qu'il est manifesté.

Ce vieil homme peut mourir dans la paix car il a vu le salut lui-même. Il sait que les temps sont accomplis.

Par la bouche de cet homme l'Evangile est déjà annoncé. Cette prophétie est le début d'un chambardement du monde, dans lequel beaucoup connaitront la chute, le glaive, car seront révélées les pensées qui viennent du cœur ; et beaucoup seront relevés.

Un signe de contradiction va venir, en la personne du Christ, car sa Parole révèlera l'essentiel : quelles pensées, quel amour est dans notre cœur, quelle tendresse de l'homme nous anime ? Notre jugement est là. Le fond de notre cœur, notre action est notre jugement (cf. Mt 25).

Plus possible de s'abriter derrière la Loi, plus possible de faire semblant, plus possible de faire reluire l'extérieur de la coupe sans avoir purifié l'intérieur, notre intérieur (Mt 23 / 23).

Mais la miséricorde, cet allègement de notre misère par Dieu Lui-même, qui porte notre pauvreté et nos souffrances, ne peut agir que si notre cœur est clair et notre vision non obscurcie par nos ténèbres. Chaque fois que le cœur n'y est pas, l'Evangile reste une source de division dans l'humanité. Mais l'amour est donné une fois pour toute. Désormais cela dépend de nous.

La venue du Fils de Dieu se manifeste dès cet instant, alors que le Seigneur n'a pas encore parlé.

Tu es mon Fils

« Toi, tu es mon Fils bien-aimé ; en Toi je trouve ma joie » (Lc 3 / 21).

Au baptême de Jésus, est révélée sa filiation. « Aujourd'hui je t'ai engendré ». Le Christ est engendré non pas créé. Sa mission est lancée à ce moment-là. L'Evangile nous dit qu'il a alors trente ans.

Sa Parole commence à se faire entendre. Sa grâce se manifeste.

Sa mission, donnée par Dieu Lui-même, ne peut pas être limitée à sa communauté de Galilée, à Israël. Elle est universelle. Le salut est pour toute humanité.

Sa Parole bouleverse tout. Vous aviez des certitudes ? Résistent-elles devant la vérité du cœur ? Vous vous contentiez de faire ce que disent les préceptes hérités des anciens et de la communauté religieuse ? Cela peut-il nous sauver ? Vous pensiez être avisé ?

Que vaut notre connaissance ? Vous pensiez être éclairé ? que vaut votre lampe à huile ?

Les évidences n'en sont plus. Voici que Dieu se fait fils d'homme, mortel, armé de sa Parole seule. Comme tout aimé/aimant, il m'attend ; il souhaite l'élan de mon cœur. Cet élan est sa joie.

L'incarnation de Dieu est le rappel de la création. L'amour de Dieu, qui allait de soi dans le jardin d'Eden, est révélé par Dieu lui-même. Notre liberté, notre fermeture, nos doutes sont autant d'obstacles à notre écoute de la Parole du Fils de Dieu. Et nous sommes parfois comme les fermiers de la vigne, qui croient pouvoir recevoir l'héritage en tuant le fils. Mais c'est sans compter sur la miséricorde de Dieu, sur son amour dont nous ne connaissons pas les limites.

Oui le monde est changé, l'Amour est en marche, nous ne pouvons qu'en retarder l'avènement par nos actes, par nos pensées, lorsqu'elles ne veulent pas écouter la tendresse de Dieu, qui s'exprime dans une brise légère, dans l'amour de ses témoins.

Pourquoi chercher parmi les morts

« Pourquoi chercher-vous le Vivant parmi les morts ? Il n'est pas ici, il est ressuscité. » (Lc 24 / 5).

Se rendant au tombeau après les événements qui ont conduit à son sacrifice, comment les témoins pouvaient-ils prévoir ce qui allait se produire ?

Sa Passion est un échec. Sa mort semble le terme. Venus à Jésus, quand ils virent qu'il était déjà mort « ils ne lui brisèrent pas les jambes » (Jn 19 / 33). Le Seigneur garde tous ses os, pas un ne sera brisé (Ps 34 (33) / 21 et Ps 21 (22). « Mon Dieu pourquoi m'as–tu abandonné « ? Cette déréliction c'est aussi celle de la petite communauté de croyants.

C'est encore Dieu lui-même qui donne l'élan : pourquoi chercher parmi les morts celui qui est le Vivant ? N'a-t-il pas annoncé qu'il devait être livré aux mains des pécheurs, être crucifié, et qu'il devait ressusciter le troisième jour.

« le troisième jour il nous relèvera, alors nous vivrons devant sa face » (Os 6 / 1-6).

Sa résurrection le relève lui-même, et nous relève ! Sa résurrection nous sauve de la mort. La Bonne Nouvelle c'est que nous allons vivre, et vivre dans la cité céleste auprès de Lui.

La mort est intolérable, elle est angoisse, elle est tristesse, elle est abandon, elle est souffrance. Mais la mort n'est pas un trou noir. Corps et âmes sont appelés à vivre.

« Fils d'homme ces ossements peuvent-ils revivre ?... Je vais faire entrer en vous l'esprit et vous vivrez. Je vais mettre sur vous des nerfs, vous couvrir de chair, et vous revêtir de peau ; je vous donnerai l'esprit et vous vivrez. Alors vous saurez que je suis le Seigneur (Ez 37 /3).

Nous le saurons car nous le verrons face à face.

Le Seigneur nous sauve, de ce que nous ne savons pas nous séparer, de notre faiblesse et de la mort.

C'est une Bonne Nouvelle, car tout l'amour donné et reçu n'est donc pas perdu.

Il aurait suffi que Dieu paraisse et qu'il fasse voir son triomphe pour que nous le croyons. Mais le Seigneur est plein de délicatesse, il nous laisse libre, et ne s'impose pas. Il nous attend dans sa tendresse. Et Il souhaite que ce soit le témoignage de frères humains qui nous montre la voie, auxquels il a donné sa Parole, pour le bien de tous. Une seule loi, celle de l'amour, aimez-vous les uns les autres.

Nous sommes donc programmés pour la vie. Nous sommes porteurs du Christ dans le monde. Responsabilité inouïe de celui qui a été créé à l'image de Dieu.

Une joie reçue

Tu es là au fond de moi.

Tu ne me quittes pas, si je me crois abandonné.

Tu me parles par cet autre, que je ne connais pas ;

Par cet ami, cet ange que tu m'envoies.

Tu me tires du sommeil, de l'ennui ;

Tu m'arraches à la peur.

Tu m'inondes de lumière.

Comment fais-tu pour m'apporter la joie ?

Cet autre moi-même, cet ange ;

Cette vie à deux, que tu bénis ;

Ce partage en ta présence ;

Autour de ta Bonne Nouvelle.

Sur le chemin vers Toi,

Tu es là au fond de moi.

Le temps de l'Esprit

Femme voici ton fils, voici ta mère

« Jésus voyant sa mère, et près d'elle le disciple qu'il aimait, dit à sa mère : « femme voici ton fils » puis il dit au disciple : « voici ta mère » » (Jn 19 / 26).

Sur la croix, Jésus retournant vers le Père, confie sa mère au disciple Jean et fait de Jean le fils adoptif de Marie.

Ce jour-là, alors que l'esprit n'a pas encore soufflé à la Pentecôte, déjà l'Eglise, le peuple de Dieu est en marche. Le lien filial des croyants et de l'Eglise animée et inspirée par l'Esprit. C'est en quelque sorte la fondation de l'Eglise.

La suite, sous le patronage de Marie mère de Jésus, va reposer sur tous les croyants, qui avec le baptême reçoivent pleinement ce qui est nécessaire pour cela ; ils sont prêtres, prophètes et rois. Cela ne vient pas de leur force personnelle, mais de leur force soufflée par l'Esprit.

Nous sommes donc dans le temps de l'Esprit. Après le temps de la révélation, au petit peuple Juif de Palestine, de Dieu unique et aimant ; après le temps de l'incarnation de Dieu en son Fils Jésus le Christ, qui est venu dans cet espace physique et de temps affirmer sa Parole de vie. Nous sommes désormais dans le temps de l'Esprit, signe d'amour dans le cœur de l'homme et des croyants.

Le monde n'est plus le même. Jésus en a révélé les limites et a apporté de la part du Père une Bonne Nouvelle. L'amour de Dieu est sans limite et il va jusqu'à abolir la mort.

C'est déjà la cité céleste qui est là ; nous ne sommes plus tout à fait séparés de Dieu, qui est là, au creux de nos vies. A nous de distribuer à notre mesure une part de cette Bonne Nouvelle et de cet amour reçu. A nous de réaliser le plus beau bouquet pour la table céleste à venir.

Notre Père

« Notre Père qui es aux cieux, que nom soit sanctifié… » (Mt 6 / 9).

Pédagogue, le Fils nous livre ce qu'est et n'est pas la prière. Peut-on être exaucé à force de paroles. Peut-on considérer qu'il suffit de rabâcher des paroles et que c'est cela la prière ?

Jésus nous dit que cela existe chez les païens, nous pourrions dire un peu partout dans le monde et en tout temps. Comme si notre parole suffisait et que la répétition était magique dans ses effets.

La prière, en amitié avec Dieu lui-même, ce n'est pas cela.

Jésus montre le chemin. La prière est un échange en amitié avec Dieu Lui-même, et il nous dit que cet échange est celui de la tendresse entre le Père et le fils. Si nous sommes tous fils, nous sommes aussi frères ; cette tendresse avec le Père ne peut pas être séparée de celle qui nous lie avec les frères humains. D'emblée c'est une prière qui invite à l'amour et à la tendresse.

Elle invite à reconnaître notre condition humble d'humains créés par Dieu et à dire la grandeur du créateur.

Elle conduit aussi à demander que son règne vienne dans notre monde qui est né de, et pour, l'amour et qui est pourtant encore bien loin d'en être tous les jours le témoignage. Notre espérance est que la cité céleste nous soit accessible et cela, même imparfaitement, dès aujourd'hui. Il se peut que cela soit éloigné de notre volonté, souvent tournée vers nous-mêmes, nos égoïsmes, nos craintes, voire nos fautes. Seule la volonté du Père est vraiment pure.

La nature nous est offerte comme jardin et comme nourriture. Les oiseaux des champs y trouvent leurs besoins. Nous sommes certes faits à l'image de Dieu, procréateurs, mais nous avons à nous souvenir que tout est donné par Dieu et que cette nature ne nous appartient pas. Nous n'en sommes que dépositaires. C'est la préserver, parfois la soigner, l'exploiter avec mesure. Dans la prière, c'est se souvenir que la terre nous est donnée par grâce. Dieu a créé cet espace physique et temporel, pour permettre notre existence, différente de Lui, aimés que nous sommes.

Jésus nous invite aussi au pardon réciproque. Oui notre existence est marquée, déchirée par nos fautes. L'événement de la faute est presque inévitable, car celle-ci est inhérente à notre condition mortelle ; la faute n'est rien au regard du principe de l'amour, à condition que le pardon soit au cœur de notre vie. Principe d'amour fondamental, il est vrai face à Dieu et donc indissolublement lié aux hommes entre eux également. Le pardon est doux, à donner et à recevoir, tellement il permet de relancer le lien d'amour lorsque celui-ci a connu une souffrance quelconque. Les causes en sont nombreuses ; Saint Paul les énumère positivement (1Co 13) ; chaque fois que je suis impatient, égoïste, orgueilleux, inconvenant, en colère, haineux, faux, je crée les conditions du « non-amour ». « s'il me manque l'amour… je ne suis rien ».

Si le pardon est nécessaire c'est que dans ce monde limité nous n'évitons jamais totalement le mal et la tentation ; celle qui nous éloigne de l'amour qui est notre condition première. C'est donc la seule véritable demande justifiée. Cela ne peut venir que de la grâce, à laquelle nous ne répondons pas toujours.

La prière ne saurait être une occasion d'orgueil ou de vantardise ; elle est donc intime. Comme est intime la confidence et l'échange avec un ami.

Dieu nous a parlé le premier, il a voulu notre amitié, sa Parole nous le rappelle tout au long de la vie. Il attend notre réponse, notre déclaration d'amour. Voyez comme cela nous donne de la joie et un cœur paisible lorsque nous pratiquons cette prière-là. Imaginer la joie de Dieu en raison de ces réponses. Ce n'est pas un privilège de quelques moines entrainés ; c'est à notre portée.

Saint Paul nous le dit : « priez sans cesse ». Alors nous pouvons progressivement apprendre à nous ajuster à la Parole de Dieu. Si nous sommes ainsi ajustés, c'est visible dans l'amour qui vient de nous.

APPRENDS-MOI A PRIER

Seigneur, je ne sais ce qu'il faut te demander.

Toi seul sais ce qui m'est nécessaire.

Tu m'aimes plus encore

Que je ne puis m'aimer moi-même.

Apprends-moi à prier.

Prie toi-même au-dedans de moi.

Ils commencèrent à parler en langues

« Ils se trouvaient réunis tous ensemble. Soudain un bruit survint du ciel comme un violent coup de vent : la maison où ils étaient assis en fut remplie toute entière. Alors leur apparurent des langues qu'on aurait dites de feu qui se partageaient, et il s'en posa une sur chacun d'eux. Tous furent remplis d'Esprit Saint : ils se mirent à parler en d'autres langues, et chacun s'exprimait selon le don de l'Esprit Saint. » (Ac 2 / 4)

Les actes des apôtres nous livrent une clé du temps qui est le nôtre, qui est celui de l'Esprit Saint. C'est un temps où la diffusion de la Parole est confiée à l'Eglise, avec la force de l'Esprit Saint, présente en son sein et en chacun de nous.

Les clés de ce temps de l'Eglise sont décrites avec une grande précision des événements, qui permettent de saisir l'essentiel.

Les apôtres sont réunis. Ils sont en attente et à l'écoute du Seigneur. Ils sont rassemblés dans l'unité. Chaque fois que la division est à l'œuvre, il ne faut pas s'étonner que les fruits ne soient pas là. L'unité n'est absolument pas l'uniformité, surtout pas. C'est le contraire ; chacun s'exprime « selon le don de l'Esprit ». L'unité est la volonté de dépasser les différences pour laisser les dons multiples s'exprimer. Nous manquons de foi lorsque nous voulons contrôler tout, que nous ne faisons pas confiance ; or chaque baptisé a reçu les dons nécessaires pour devenir un instrument qui exprime sa partition dans le concert de l'Eglise. Ouvrons donc les portes et laissons venir l'innovation, qui pourrait bien être une grâce du Seigneur Lui-même, exprimée par l'intermédiaire de l'un des frères.

Dans le temps de l'Esprit, l'Eglise reçoit une force de l'Esprit Lui-même, c'est-à-dire de

Dieu même. Et c'est pour porter la Parole dans toutes les langues, au monde entier. C'est ainsi en se recentrant sans cesse, en s'ajustant en permanence à l'Evangile, que nous avons une chance de laisser parler en en nous et à travers nous, la Parole elle-même. Sinon nous risquons toujours de devenir des cymbales retentissantes, c'est-à-dire des instruments qui font du bruit mais sans apporter l'harmonie de la Parole.

Bien sûr il peut toujours se présenter de faux prophètes, des prêcheurs professionnels dont la vie n'est pas en accord avec l'Evangile. Les fruits seront alors la jauge utile au discernement. Il faut faire confiance à l'Esprit qui souffle.

Mais avons-nous la foi ? Sommes-nous en accord avec l'Evangile lorsque que nous nous contentons de rabâcher des prières et des doctrines, de pratiquer des rites, sans voir que nous sommes séparés de la vie, que nous avons rejeté le pauvre, le délaissé, le différent ? L'élan de l'amour de Dieu dans nos vies suppose que nos cœurs s'ouvrent au souffle de l'Esprit, que nous reconnaissions toute la grâce reçue et celle qui est présente dans mes frères et sœurs, pour le bien commun.

Nous avons donc à transformer notre regard sur l'autre, nous avons à confronter sans cesse notre analyse à l'Evangile dont le principe est finalement assez simple puisqu'il repose sur la charité, l'amour du prochain, principe premier indissociable de l'amour de Dieu.

Dans chacun des frères, une part de ce souffle, si on le laisse s'exprimer. Et même dans toute humanité, nécessairement. Le Seigneur nous fait confiance pour être des instruments de sa Parole. A la Pentecôte, les apôtres se mettent à parler en langues ; dès lors, Dieu se soumet à notre ouverture à l'Esprit pour être « verbes », frères du Verbe fait homme.

C'est une chose merveilleuse et c'est une responsabilité. Elle s'exprime et s'enrichie d'autant mieux que cela se passe en Eglise, se nourrit de la Parole et fait circuler la nourriture mise en commun qui fait de nous une Eglise, un peuple, des compagnons qui mangent le même pain. Le Seigneur a voulu que cette nourriture et cette boisson soient partagées tout au long de la vie de l'Eglise, pour nous rappeler que c'est dans cette union que nous pouvons ouvrir pleinement la route à la grâce à travers tous les dons particuliers que chacun reçoit et donne à la communauté. Si ces dons ne circulent pas ils sont lettre morte.

SANS TA GRACE JE NE PEUX RIEN FAIRE

J'ai besoin de ta tendresse,

Qui me prend par la main

Et me relève.

Sur les chemins de la vie,

Seigneur,

Tu m'aides à avancer.

Sans ta grâce que puis-je faire ?

Non je ne vais pas lutter,

Contre le mal et contre moi.

Je vais me rendre docile

A ton pardon.

Ton sacrifice a déjà tout fait.

Tu chutes avec moi ;

Tu te relèves avec moi.

Montre-moi le chemin

De ton Evangile.

Je suis le pain de vie

« Celui qui mange ma chair et boit mon sang a la vie éternelle ; et moi je le ressusciterai au dernier jour. En effet ma chair est la vraie nourriture, et mon sang est la vraie boisson. Celui qui mange ma chair et boit mon sang demeure en moi, et moi, je demeure en lui. » (Jn 6 / 54)

A la communion nous mangeons la chair du Fils de l'homme et nous buvons son sang, non pas à la manière de peuplades anthropophages, mais au contraire comme une nourriture et une boisson offerte par le Fils Lui-même. Nourriture, lien entre les membres de la communauté, partage qui crée.

Nourriture et boisson, elles entrent dans notre organisme, lui apporte des nutriments réels, jusque dans nos cellules. Dieu est ainsi présent en nous, le plus profondément, présence réelle au fond de nous, individuellement. C'est le ciment qui entraine mon appartenance au Christ et mon rôle dans l'Eglise qui est son corps ; ainsi je demeure en Lui. Et Lui demeure en moi.

Une intimité spirituelle et réelle se fait ainsi au long de notre vie de foi avec le Christ.

Comment s'en priver, comment ne pas aller à cette source, afin que nous revenions sans cesse à cette mémoire de Dieu en nous, dans note communauté, dans le monde pour nous sauver de ses désordres et en particulier de la mort. Se désaltérer à cette source c'est se rapprocher de ceux qui ont soif et viennent à la même source. Et voici que nous partageons la vie même.

Non ! On ne peut pas différer, on ne peut pas s'en éloigner.

Je ne suis pas digne de cela ; aucun de nous ne peut en être digne. C'est un don de Dieu, c'est une grâce. Mon indignité ne doit pas m'en éloigner ; c'est tout le contraire : plus je m'en approche, plus je nourris ma prière, plus je m'ajuste au Christ, plus je suis prêt à en témoigner.

Pain de vie, puisqu'il nourrit en vue de la vie éternelle. Décidemment la cité céleste est l'occasion d'un grand banquet où nous apportons nous-mêmes les grâces que tu nous donnes. Ce banquet commence aujourd'hui, ici.

TU NOUS INVITES

Tu nous invites Seigneur,

A nous souvenir que tu es là, en nous.

De nos peines, tu fais le pain pour la route.

De nos pleurs, tu fais le vin du courage.

Tu nous invites à faire communauté,

 Et à trouver les chemins vers toi.

Tu nous invites au repas.

Tu ne soulignes pas nos fausses routes.

Tu te mets à notre portée,

Tu n'attends pas plus d'amour,

Que nous ne sommes capables d'en donner.

Comment se fait-il que nous aimes tant ?

Rappelle nous tout l'amour du Père.

Nourris-nous de ta grâce.

Que nous sortions de nos peurs.

Que nous trouvions la joie.

Dieu proche

« Quelle est en effet la grande nation dont les dieux soient aussi proches que le Seigneur notre Dieu est proche de nous chaque fois que nous l'invoquons ? » (Dt 4 / 7)

Un Dieu proche, intimement proche. Non un Dieu lointain ou dur ou vengeur ; un Dieu Proche de nous, de moi. Un Dieu venu dans notre monde limité. Un Dieu qui envoie l'Esprit pour être à l'intime de notre être.

Un Dieu qui supporte avec nous le poids de la vie, sans lequel nous serions écrasés.

Un Dieu amoureux, qui attend notre réponse avec tendresse. Il nous regarde comme un père regarde son petit, avec admiration pour la beauté de l'être qui est dans ce petit enfant.

Et nous ne répondons pas toujours. Et nous détournons les yeux. C'est toute l'histoire de l'humanité, qui, dès la création, s'est séparée de Dieu. Notre relation est faite d'amour et de rejet, puis de pardons. En cela, le couple est le plus beau marqueur de la présence divine dans le monde et au profond de notre être : par l'amour et l'intimité des époux, par leur capacité de pardon, sans laquelle nous nous éloignons et finalement nous nous asséchons, puis nous mourons. Le couple, cet être trine lui aussi : elle, lui, leur amour qui les lie intimement.

UN MONDE D'AMOUR

Tu n'es pas resté dans le ciel, au-dessus des galaxies, dans le froid de l'univers

Tu n'es pas venu tel un empereur ou un roi tout puissant

Ni la puissance ni la force n'ont été mobilisées

Tu les as même abandonnés pour nous laisser venir vers toi

Tu n'as pas joué la toute puissance alors que tu pouvais tout

Tu n'as pas grondé à la venue de nos premières fautes

Tu n'as pas bronché après nos multiples chutes

Tu n'as pas cherché à nous redresser de force

Tu ne t'es pas imposé

Mais tu nous as dit qui tu es, tu nous as montré la beauté de ta création,

Ta force nous l'avons sentie dans les vents de la tempête

Tu as révélé ton dessein d'aimer les hommes

Tu as mis au cœur de l'homme la flamme de l'amour, qu'il étouffe souvent

Tu as préparé au fond de l'homme un écrin pour ta présence, que l'homme ne veut pas voir

Tu nous as révélé que toi-même tu es amour

Tu as mis dans le monde de cet amour, qui fait qu'on se donne la main

Comme nous ne comprenons pas vite, tu es venu prendre sur toi toute notre faillite, par avance

Tu promets une cité éternelle dont nous ne faisons qu'entrevoir la lumière sur la terre.

Il nous tarde de te voir.

Laisse-nous entrevoir un peu de cette lumière dès maintenant, dans l'amour que l'autre nous porte.

Béatitudes

« Heureux vous les pauvres car le Royaume de Dieu est à vous... Heureux vous qui pleurez maintenant, car vous rirez...

Mais quel malheur pour vous les riches car vous avez votre consolation » (Lc 6 / 20 et Mt 5 / 1))

Ce n'est pas un jugement, ce sont les clés du bonheur, comme le suggère le nom de cette parole : les béatitudes.

Les clés du bonheur sont données par l'Evangile afin de permettre à l'humanité de faire le choix de ce qui rend vraiment heureux, de discerner ce qui ne rassasie pas.

La frugalité dans la gestion des biens, le partage de la peine des autres, le témoignage de foi en Dieu sont en fait bien plus riches de joies que la richesse matérielle, la consommation de masse, les petits plaisirs éphémères, l'insouciance ou l'inattention à l'autre, la reconnaissance des autres envers nous- mêmes, qui sont autant d'occasions de chute.

Une règle de vie fondée sur l'amour, l'amitié avec Dieu, le respect de l'autre et du jardin d'Eden apporte une paix et une joie qu'aucun bien matériel possédé, aucune satisfaction de ce monde, ne peut apporter durablement.

A nous de choisir notre règle de vie ; car c'est à notre main. Où plaçons-nous nos valeurs ? Dans notre portefeuille, ou bien dans note cœur ?

Cette règle de vie n'est pas neutre pour notre attitude envers les hommes et envers les choses, ni envers ce que nous disons et la manière de le dire, dans les petites comme dans les grandes choses.

Espérance

Aujourd'hui tu seras avec moi dans le paradis

« Jésus souviens-toi de moi quand tu viendras dans ton royaume » Jésus lui déclara : "Amen, je te le dis : aujourd'hui, avec moi tu seras dans le Paradis.» (Lc 23 / 43).

Pourvu que l'homme accueille la grâce du Seigneur, il est déjà sauvé. Dieu promet le Paradis à tout homme, même le moins irréprochable humainement, même le bandit ou le salaud. C'est aussi que le Seigneur porte sur lui notre peine, supporte tous des hommes. Il s'attend à notre volatilité, mais il est toujours en attente de nous voir revenir.

Il promet à un bandit le Paradis. Cela nous fait du bien de savoir que ce n'est pas réservé ; d'abord pour le cas où nous penserions que nous faisons partie des élus, orgueil et erreur infinie ; ensuite parce que c'est un don et non un droit.

En même temps c'est une Bonne Nouvelle. Le Paradis ce n'est pas pour la fin des temps et cela existe. La mort sur la croix, nous le savons, n'est que le passage qui annonce la résurrection. Celle-ci nous est promise à nous aussi.

Le Paradis, ce lieu où nous verrons le Seigneur et où nous ne pourrons que voir pleinement tout l'amour qu'il nous porte.

Avec les saints, avec nos aimés qui sont partis auprès de lui, nos cœurs seront dilatés, pulvérisés d'un bonheur inconnu. Nous aurons cessé de laisser notre part d'ombre nous pousser à la faute, notre pureté sera donnée, enfin.

Tu aimeras ton prochain

« Tu aimeras ton Dieu de tout ton cœur, de toute ton âme, de tout ton esprit et de toute ta force… Tu aimeras ton prochain comme toi-même. » (Mc 12 /28)

Aimer Dieu c'est aussi aimer son prochain. Les deux sont inséparables. L'un sans l'autre est une hypocrisie.

La loi de l'amour sera pleinement à l'œuvre, ce que nos vies ne peuvent que préfigurer de manière bien pâle.

Cette loi vaut pour nous, sur nous-mêmes. Nous ne pouvons aimer l'autre que si nous avons abandonné nos peurs, que si nous nous aimons nous-même ; si nous nous faisons confiance, si nous nous traitons avec attention aussi bien physiquement que psychiquement. Nous avons dans notre histoire personnelle nombre de blocages hérités de nos expériences, de nos vies émotionnelles, familiales, amoureuses... Et nous nous bloquons nous-mêmes, nous perdons parfois l'estime de nous-mêmes. Alors l'autre, alors Dieu est loin.

Il faut nous laisser guérir et cela aussi est une grâce. Guéris, soulagés, nous pouvons aimer de nouveau.

Ne laissons pas ces blocages rompre le lien social, ouvrons la fenêtre, le Seigneur nous y aide en nous apportant une espérance : nous sommes aimés, individuellement, pour nous-mêmes, avec nos faiblesses et les bonnes choses dont nous sommes capables.

Un être nous relève chaque fois que nous chutons ; il ne se fatigue jamais. Jusqu'au bout il est là. Jusqu'au Paradis.

La cité céleste

« Et la ville sainte, la Jérusalem nouvelle, je l'ai vue qui descendait du ciel, d'auprès de Dieu, prête pour les noces, comme une épouse parée pour son mari. Et j'entendis une voix forte qui venait du Trône. Elle disait :

« Voici la demeure de Dieu avec les hommes ;

Il demeurera avec eux,

Et ils seront ses peuples,

Et lui-même, Dieu avec eux, sera leur Dieu.

Il essuiera toute larme de leurs yeux,

Et la mort ne sera plus,

Et il n'y aura plus ni deuil, ni cri, ni douleur ;

Ce qui était en premier s'en est allé. » (Ap 21 / 4)

La cité céleste, nous l'attendons. Cette promesse est une espérance. Elle ne nous dispense pas d'œuvrer ici et maintenant dans notre pays et notre temps. Mais c'est une espérance. C'est une tendre espérance. C'est la miséricorde par excellence : la mort ne sera plus. L'humanité entière est dans l'attente de cette cité céleste. Ne voyons-nous pas qu'elle est déjà là ?

Chaque fois qu'un homme et une femme échangent leur amour, chaque fois que l'amour de Dieu nous fait sortir de nous-mêmes, la cité céleste se construit. Déjà, dans la pauvreté, cette cité est belle, mais elle n'est pas achevée.

Des bras, des pierres d'amour, plus vite, construisons, hâtons-nous pour les préparatifs des noces ! Dépêchons-nous de marcher vers le bonheur parfait.

Discerner la volonté du Père

Maintenant mes yeux t'ont vu

« Je vais t'interroger, et tu m'instruiras. C'est par ouï-dire que je te connaissais, mais maintenant mes yeux t'ont vu. C'est pourquoi je me rétracte et me repens sur la poussière et sur la cendre. » (Jb 42 / 4)

A travers les doutes, les épreuves, les malheurs, nos pleurs troublent parfois notre regard vers Dieu. Pourquoi laisses-tu faire Seigneur ? A travers nos faiblesses et nos épreuves, nous trouvons peut-être aussi le dénuement qui oblige à regarder l'essentiel et à découvrir Dieu. C'est le chemin de Job lorsqu'il dit « mes yeux t'ont vu ».

La volonté du Père n'est pas toujours en lecture directe. Nous restons libres. Le message de Dieu laisse toujours une part non écrite, que nous avons à faire naître, à tisser. Dieu a besoin de notre volonté d'avancer vers Lui. Dieu a fait le premier pas, répondrons-nous ?

Comme un mandat reçu de Dieu

« Si quelqu'un assure le service, que ce soit comme par mandat reçu de Dieu » (1P 4 / 11).

Une telle approche suppose une vie de prière nourrie, l'exercice du discernement. Elle est une force inouïe. Le mandat est une autorisation de faire en lieu et place du mandant. On agit en son nom, comme si c'était Lui. On ne peut pas faire semblant ni n'importe quoi, on a une responsabilité et à rendre compte.

Cette disposition du cœur est une règle de vie qui conduit à s'ajuster, même pour de petites choses, à la volonté du Père, à l'Evangile.

Alors confiance ! On peut faire des erreurs, on peut faiblir, mais si j'agis comme par mandat de Dieu, l'audace, l'innovation, seront un bien commun pour la communauté et même pour la société.

Ne vous modelez pas sur le monde

« Ne prenez pas pour modèle le monde présent, mais transformez-vous en renouvelant votre façon de penser pour discerner quelle est la volonté de Dieu : ce qui est bon, ce qui est capable de lui plaire, ce qui est parfait » (Rm 12 / 2).

Un Esprit nouveau souffle en nous. Nous sommes dans le monde, mais nous ne sommes pas du monde ; nous ne lui obéissons pas. Nous devons aussi bien y assumer notre place et ne pas nous laisser entrainer par sa logique, souvent mercantile, égoïste, injuste. Ce monde a besoin d'être renouvelé et nous pouvons y contribuer.

Dans le monde, nous pouvons agir et penser par référence à l'Evangile. Ce qui est bon est intrinsèquement bon. Les non-croyants aussi le perçoivent, pas de monopole. C'est ce qui est nativement parfait, que tout homme peut concevoir et trouver bon.

Dieu avec nous

« Ta main me conduit, ta droite me saisit » (Ps 138 (139))

Tu es en moi Seigneur, mes actes mes pensées tu les sais. Tu es avec moi, quoi qu'il arrive. Tu ne m'abandonnes pas. Moi non plus je ne t'abandonne pas. Je reviens vers toi, je me tourne vers toi après chaque chute. « Conduis-moi sur les chemins d'éternité ».

En chemin

Comme un voyageur

au sac à dos un peu trop lourd,

Je chemine vers toi Seigneur.

Sans cesse je mesure le poids :

Des impasses, des actes manqués,

De mes manques d'amour.

Je suis toujours à regarder derrière moi. Et je m'égare.

A d'autres moments,

Je me sens en forme,

Heureux de ma vitesse et des kilomètres parcourus.

Je me regarde moi-même à travers une lunette déformante.

J'ai besoin de toi pour trouver le chemin,

Pour ne pas perdre la route,

Pour avancer vraiment.

J'ai besoin de toi,

Pour regarder les choses en face,

Et poser les pas l'un après l'autre.

C'est toi qui me fais avancer.

Je suis tendu vers toi.

Epilogue

Depuis le plus jeune âge, tu es là Seigneur. Tu as voulu ouvrir mes oreilles et mon cœur à ta Parole. Je n'y peux rien, mais je ne t'ai jamais lâché.

Enfant, j'ai écouté ta Parole et j'ai cru. Adolescent, je suis devenu ton témoin à mon tour ; tu m'as donné un peu d'intelligence et tu as renforcé ma foi. Adulte, j'ai fondé ma famille et mon action sur toi.

Après bien des efforts, des épreuves et des peines, je ne me suis pas éloigné ; tu m'as relevé.

A l'âge mûr, je te le dis, cela vaut la peine. Paix et charité apportent tant de joie et font voir le monde tellement plus beau ; ils sont en moi et tu m'as donné la sérénité ; mon espérance est des plus vives.

Ces textes que je livre à mes frères humains, je peux avec assurance les commenter à la lumière de ma foi et de mon expérience de ta tendresse. Je suis heureux que ta Parole passe un peu par moi. Car tu as voulu qu'elle soit portée par des fils d'homme.

Je me suis nourri de ta Parole, je ne me suis pas éloigné de la communauté, j'ai appris à prier, à te louer, à dialoguer avec toi, à intercéder pour d'autres.

Tu m'as donné de conserver le rythme et le lien. Je ne peux m'empêcher de comparer cela à la vie de couple, qui en est le sacrement. Il y a des hauts et des bas ; des épreuves viennent, mais nous revenons l'un à l'autre, nous continuons à nous pardonner, à construire.

Seigneur, je te le demande, fais-nous voir ta grâce, afin que nous venions vers toi et ne permet pas que nous nous éloignions de toi.

Fais que la cité céleste vienne dès ce monde fini.

Table des matières

Une révélation 6
    A l'image de Dieu 6
    Tu aimeras ton Dieu 10
    Mon bien aimé 19
Où les hommes s'éloignent de Dieu 24
    Jardin d'Eden 24
    Combat de Jacob 28
    Un peuple rebelle 31
    Avant que le coq chante 35
    Ils le livrèrent à Pilate 38
Martyre 43
    En mon âme je les souffre avec joie 43
    Eloi, eloi, lema sabachtani 46
Envoi du Fils 49
    Magnificat 49
    Benedictus 55
    Nunc dimittis 57
    Tu es mon Fils 60

    Pourquoi chercher parmi les morts 62

Le temps de l'Esprit 68

    Femme voici ton fils, voici ta mère 68

    Notre Père 70

    Ils commencèrent à parler en langues .. 75

    Je suis le pain de vie 80

    Dieu proche 84

    Béatitudes 90

Espérance 92

    Aujourd'hui tu seras avec moi dans le paradis 92

    Tu aimeras ton prochain 94

    La cité céleste 96

Discerner la volonté du Père 98

    Maintenant mes yeux t'ont vu 98

    Comme un mandat reçu de Dieu 99

    Ne vous modelez pas sur le monde 100

Dieu avec nous 102

Epilogue 105

© 2017, Kris Baul
Edition : BoD - Books on Demand
12/14 rond-point des Champs Elysées, 75008 Paris
Imprimé par Books on Demand GmbH, Norderstedt, Allemagne
ISBN : 9782322082506
Dépôt légal : septembre 2017